Gießkeramik

Gießen, Brennen und Bemalen

Ilona Butterer/Claudia Fischer

Gießkeramik

Gießen, Brennen und Bemalen

ENGLISCH VERLAG

Die Deutsche Bibliothek – CIP-Einheitsaufnahme
Giesskeramik: giessen, brennen und bemalen / Ilona Butterer und Claudia Fischer. –
Wiesbaden: Englisch, 1996
ISBN 3-8241-0664-7

ISBN 3-8241-0664-7
Fotos Axel Weber/Peter Wolf
Printed in Spain

Inhaltsverzeichnis

Vorwort

Liebe Leserinnen und Leser,

wir freuen uns, daß Sie Interesse am Keramikmalen haben. Wir selbst sind seit fünf Jahren Hobby-Keramikmaler, und unsere Begeisterung ist – dank der vielen Neuheiten – bis heute ungebrochen.
Mit diesem Buch möchten wir versuchen, unsere Erfahrungen und unser Wissen an Sie weiterzugeben. Wir hoffen, möglichst viele Fragen, die im Laufe der Zeit an uns herangetragen wurden, zu beantworten.
Vorab erhalten Sie eine Einführung in das Gießen und Brennen von Keramikfiguren. Selbst zu gießen lohnt nur dann, wenn Sie sehr viele Schrühlinge einer Form benötigen. Sie können die Rohlinge aber auch fertig kaufen.
Natürlich geben wir Ihnen eine genaue Übersicht über die benötigten Materialien.
Im zweiten Teil beschreiben wir die verschiedenen Maltechniken. Eine Schritt-für-Schritt-Anleitung, mit Hilfe derer Sie das Bemalen einer Keramikfigur leicht nachvollziehen können, soll Ihnen die einzelnen Techniken und ihre Wirkung verdeutlichen.
Auf den übrigen Seiten finden Sie viele Muster. Diese haben wir nach ihrem Schwierigkeitsgrad geordnet und mit Sternchen versehen:

*	einfach, für Kinder ab 7 Jahren geeignet
**	anspruchsvoll
***	für geübte Keramikmaler

Die Sternchen beziehen sich auf den abgebildeten Bemalungsvorschlag. Selbstverständlich können alle Schrühteile schlichter oder aufwendiger bemalt werden.

Wir wünschen Ihnen viel Freude mit diesem kreativen Hobby!

Ilona Butterer und
Claudia Fischer

Gießen

Für das Gießen Ihrer Rohlinge benötigen Sie Schlicker, der sich aus Trockenton, Wasser, kalziniertem Soda und Wasserglas zusammensetzt. Am besten verwenden Sie den auf dem Markt angebotenen Fertigschlicker, da die Herstellung von eigenem Gießton zu aufwendig ist. Der Schlicker sollte die Konsistenz von dickflüssiger Sahne haben. Rühren Sie ihn erst unmittelbar vor dem Gießen auf.

Umgang mit Gießformen

Keramische Gießformen bestehen aus Gips, einem relativ weichen Material. Bei der Handhabung müssen Sie einige Punkte beachten, damit Ihre Formen möglichst lange halten:

1. Öffnen Sie Gießformen niemals mit Gewalt, da hierbei die Verbindungsstifte abbrechen können. Läßt sich eine neue Form nicht gleich öffnen, so sollten Sie für kurze Zeit Wasser über die Nahtstelle laufen lassen. Anschließend können Sie das Oberteil problemlos abheben.

2. Eine Form dürfen Sie höchstens vier- bis fünfmal pro Woche verwenden. Danach hat der Gips so viel Wasser vom Schlicker aufgesogen, daß dieser erst einmal völlig durchtrocknen muß, bevor die Form erneut zum Gießen benutzt werden kann.

3. Trocknen Sie die Teile einer Gießform immer zusammen, damit sie sich nicht verziehen. Beschleunigen Sie den Trocknungsprozeß niemals künstlich. Plätze in der Nähe von Brennofen, Backofen oder Heizung sind denkbar ungünstig. Formen müssen von allen Seiten gleichmäßig und langsam trocknen. Säubern Sie die Innenseiten einer Form mit einem weichen Pinsel, wenn Sie Staub oder andere Fremdkörper entfernen möchten. Verwenden Sie hierfür niemals Wasser, da die genauen Umrisse so ihre Schärfe verlieren würden.

Die Herstellung von Rohlingen

Zum Gießen von Rohlingen benötigen Sie
– die gewünschte Form
– eine ausreichende Menge Schlicker
– ein Gießgefäß
– einen Abstaubpinsel
– Gummibänder
– ein weiches Plastikmesser.

Schließen Sie die trockenen und gesäuberten Formenteile, und halten Sie diese mit einem Gummiband gut zusammen. Bei der Benutzung großer Formen ist die Anschaffung von Verschlußbändern empfehlenswert, da diese dem Druck besser standhalten.
Nun ist die Form für das Gießen präpariert.
Nehmen Sie sich ein Gefäß, das

mehr Schlicker faßt, als Sie für die Form benötigen.
Lassen Sie den Schlicker in einem langsamen und gleichmäßigen Strahl an der Wand Ihrer Form einlaufen. Hierdurch vermeiden Sie die Bildung von Luftblasen.
Die Gipsform saugt das Wasser des Schlickers auf. Dies ist daran zu erkennen, daß die Gießmasse nach unten hin weggezogen wird und sich eine relativ feste Wand bildet.
Füllen Sie die Form so oft mit Schlicker bis zum oberen Rand des Gießlochs nach, bis der Gießrand die gewünschte Stärke hat. So erreichen Sie, daß der Rohling an allen Stellen gleich stark ist. Ist die gewünschte Wandstärke (ca. 3–5 mm) erreicht, gießen Sie den Rest des noch flüssigen Schlickers zurück in das Gefäß. Das Erreichen der Wandstärke hängt von der Größe der Form, der Konsistenz des Schlickers und davon ab, wie oft die Form gegossen wurde. Bei kleinen Arbeiten kann die Wandstärke innerhalb von 1 Minute erreicht sein, während es bei größeren Arbeiten bis zu 1 Stunde dauern kann.
Wenn der Gießrand leicht angetrocknet ist, lösen Sie ihn mit einem Plastikmesser ab. Legen Sie die Form danach auf die Seite.
Wenn der Rohling in der Form vollständig abgebunden hat, läßt sich die obere Hälfte mühelos von der unteren abheben.
Öffnen Sie die Form vorzeitig mit Gewalt, fällt der Rohling in sich zusammen oder reißt auseinander, weil er noch nicht ausgehärtet ist.
Entfernen Sie jetzt den Gießrand. Behandeln Sie den noch relativ feuchten Rohling mit äußerster

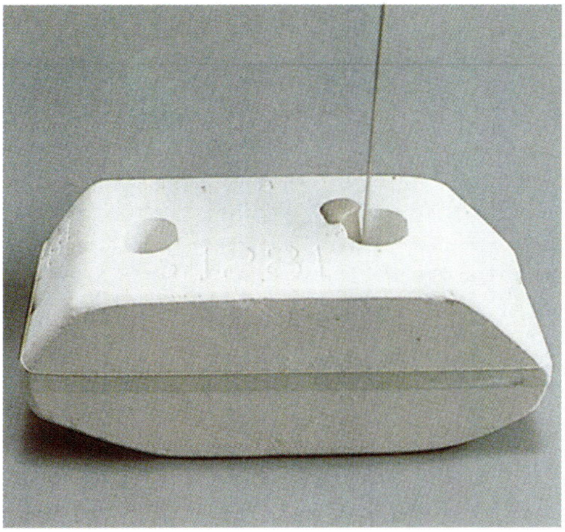

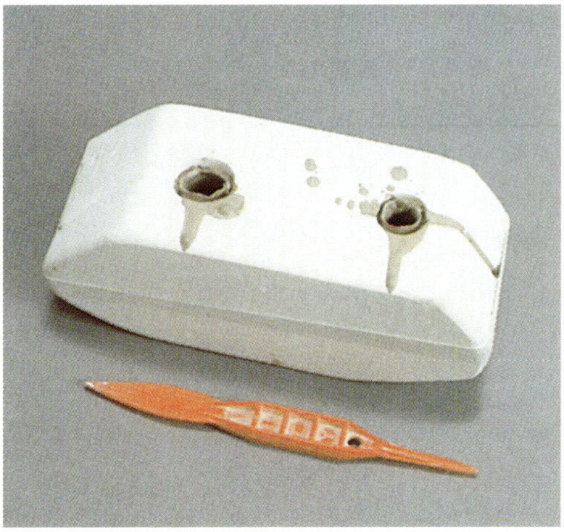

Vorsicht. Läßt er sich nicht leicht entnehmen, so lassen Sie ihn noch einige Zeit in der Form aushärten. Flache Teile, zum Beispiel Teller und Schüsseln, lassen Sie einen Tag in der geöffneten Form liegen, damit sie sich beim Entnehmen nicht verziehen.
Sollte der Rohling aus mehreren Teilen bestehen – beispielsweise werden bei Katzen Kopf und Rumpf meist einzeln gegossen –, so müssen diese noch in lederhartem Zustand aneinandergeschlickert werden. Benutzen Sie hierfür dickflüssigen Gießton. Stechen Sie ein Loch in die Verbindungsstelle, damit die Luft entweichen kann. (Luft dehnt sich beim Brand aus und würde so das Teil zum Platzen bringen.)
Verstreichen Sie die Nahtstelle mit dem Plastikmesser. So haben Sie die Möglichkeit, beim Entgraten diesen Bereich zu kaschieren.
Vor der weiteren Bearbeitung muß der Rohling gut trocknen.

Entgraten

Werkzeug

Für das Entgraten von Rohlingen benutzen Sie folgende Werkzeuge:

Entgratemesser:
zum Entfernen der Naht

Stylus:
zum Ziehen feiner und feinster Linien

Sgraffito:
zum Nachritzen von Strukturen

Schmirgelschwamm:
zum Glätten der abgekratzten Nahtstelle

Tip:
Selbst der weiche Schmirgelschwamm ist noch relativ grobkörnig. Eventuell noch vorhandene Kratzspuren auf dem Rohling lassen sich mit der gelben Seite des Schwamms beseitigen. Sie befeuchten den Schwamm mit Wasser, drücken ihn gut aus und wischen über die Nahtstelle.
Rohlinge lassen sich am besten entgraten, wenn sie völlig durchgetrocknet sind.
Beseitigen Sie als erstes mit dem Entgratemesser die Nahtränder. Diese Arbeit erinnert an das Schaben einer Mohrrübe.
Glätten Sie die Nahtstellen nun mit dem Schmirgelschwamm.
Durch diese Vorarbeiten geht die feine Struktur des Rohlings teilweise verloren. Deshalb benötigen Sie jetzt das Sgraffito-Werkzeug, das Sie auch für die Stellen benutzen können, an denen Einzelteile angesetzt wurden.

Lassen Sie das Sgraffito-Werkzeug mit mehr oder weniger Druck über die geschmirgelte Nahtstelle gleiten. Der Druck und das Halten des Werkzeugs ergibt sich aus der angrenzen-

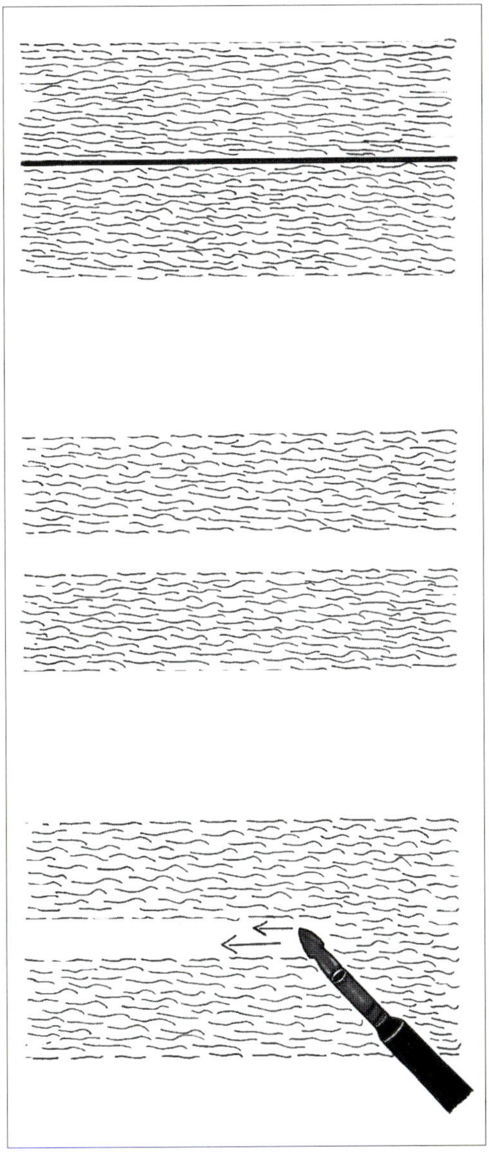

den Struktur. Bei senkrechter Haltung erzielen Sie feine, bei waagerechter Haltung breite Strukturen. Danach sieht man dem Rohling nicht mehr an, wo die Naht verlief beziehungsweise Teile zusammengesetzt wurden.
Bei Teilen, die feine und weichkantige Strukturen erfordern, zum Beispiel Rüschen, Schnabellinien, Nasenlöcher und ähnliches, benutzen Sie den Stylus. Mit diesem Werkzeug können Sie den Rohling auch mit Ihren Initialen oder Ihrem Namen kennzeichnen.

Tip:
Rohlinge sind relativ empfindlich. So kann es vorkommen, daß Sie die Keramik beim Entgraten beschädigen. Daher lohnt sich die Anschaffung eines preisgünstigen Reparaturschlickers. Einzelteile lassen sich so kleben, Luftlöcher können Sie damit zuschmieren.

Brennen

Nach dem Entgraten der Rohware erfolgt der erste Brand, der sogenannte Schrühbrand bei 1060 °C (Cone 04). Dieser Brand dauert je nach Größe des Brennofens und der Anzahl der Rohlinge zwischen fünf und neun Stunden. Lassen Sie Ihren Brennofen vor dem Öffnen nochmals die doppelte Zeit auskühlen. Entnehmen Sie die Teile erst dann, wenn Sie diese mit der bloßen Hand anfassen können. Vorzeitiges Öffnen schadet den Brennelementen Ihres Ofens und der Keramik.

Bemalen

Farben und Lacke

Mattfarbe

Benutzen Sie zum Bemalen Ihrer Figuren matt auftrocknende (Hobby-) Acrylfarben. Diese Farben sind auf Wasserbasis hergestellt und trocknen schnell. In feuchtem Zustand sind sie wasserlöslich und damit auch wasserverdünnbar. Einmal getrocknet sind sie wasserfest. Dies bedeutet auch, daß Sie Ihre Pinsel mit Wasser reinigen können, solange Sie die Farbe nicht antrocknen lassen.
Alle Acrylfarben lassen sich untereinander mischen und sind stark deckend. Sie können daher Fehler leicht korrigieren, indem Sie schon bemalte Stellen einfach übermalen.

Acrylfarben können Sie für alle Grundierungen, Pinsel-, Schablonen- und Schwammarbeiten verwenden.
Zur Grundausstattung, unabhängig von einer bestimmten Figur, zählen wir außer den Grundfarben Gelb, Rot und Blau auch die Sekundärfarbtöne des Farbkreises Orange, Violett und Grün. Weiterhin benötigen Sie einen Braunton, einen Hautton sowie Schwarz und Weiß. Mit dieser Ausstattung können Sie ohne großen Aufwand viele Farbnuancen mischen:

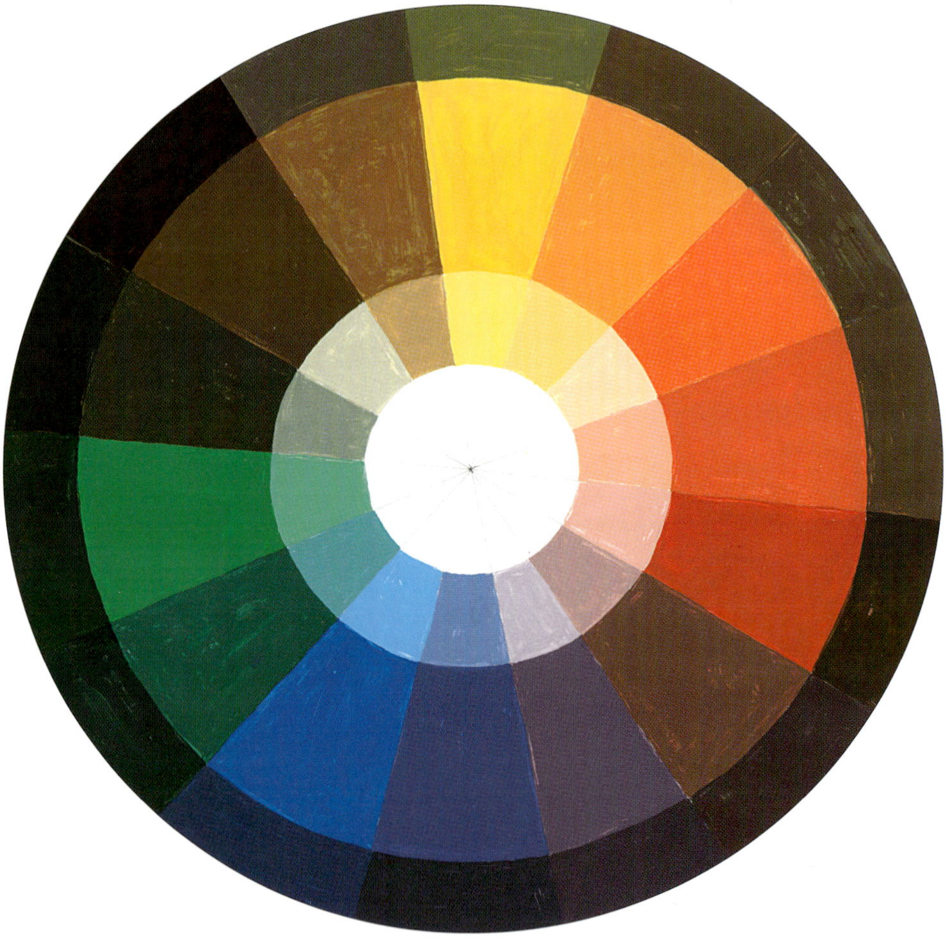

Die großen Felder des mittleren Kreisrings enthalten sieben der oben genannten Farbtöne. Jeweils zwischen zwei dieser Farben haben wir einen von vielen möglichen Zwischentönen gemischt und damit schon Ihre Farbpalette verdoppelt. Außerdem haben wir alle Farben mit Weiß aufgehellt und im inneren Kreisring aufgetragen. Die Farben im äußeren Kreisring dagegen wurden mit Schwarz abgedunkelt. Achten

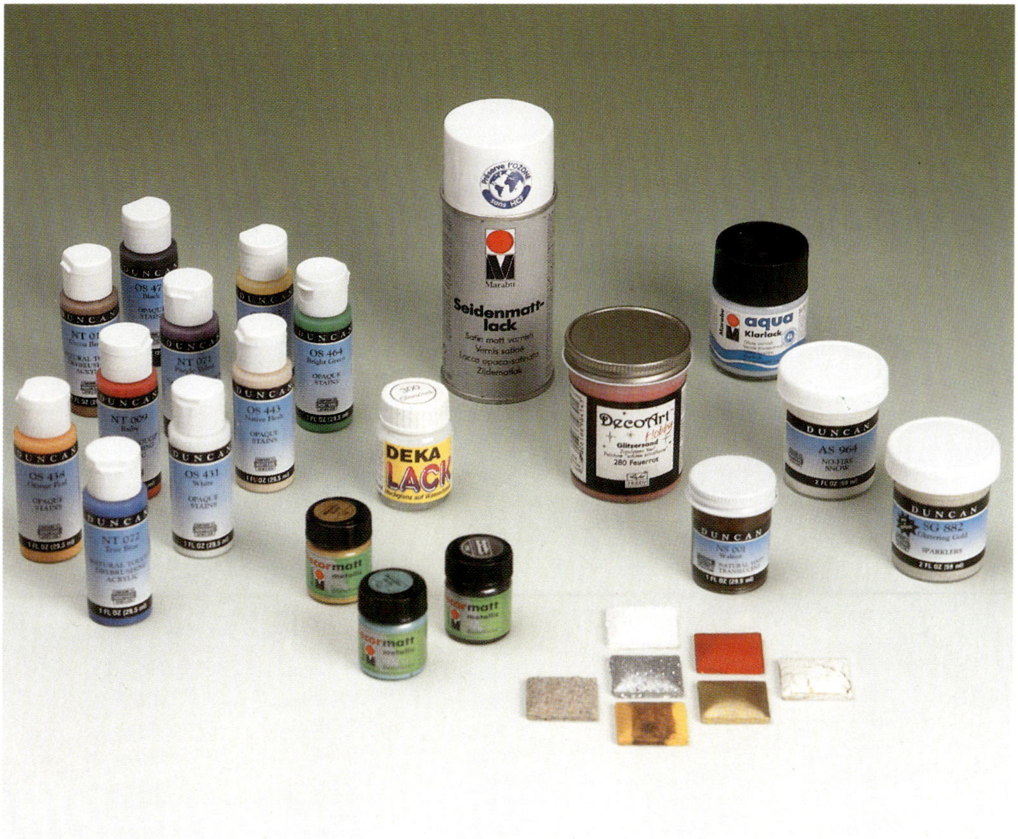

Sie darauf, ausreichend Farbe anzumischen, oder verwenden Sie bei größeren Flächen die im Handel erhältlichen Farbtöne. Es gelingt selten, einen einmal gemischten Farbton ein zweites Mal zu treffen.

Aus eigener Erfahrung möchten wir Ihnen empfehlen, sich beim Fachhändler Farbtöne speziell zu Ihrer Figur auszusuchen. Häufiges Mischen verzögert das Malen und rechnet sich meistens nicht.

Effektfarben

Mit den Mattfarben lassen sich eine ganze Reihe Effektfarben kombinieren. Auch Sie haften auf fast allen Materialien.

❑ **Glitter (Wasserbasis):**
Um blendend schöne Glitzereffekte zu erhalten, verwenden Sie am besten fertig angerührte Glitterfarben. Diese Farben enthalten neben den Glitzerpartikeln auch einen lösungsmittelfreien Kleber, so daß sie leicht aufzutragen und sauber zu handhaben sind. Hochwertige Glitterfarben haf-

ten auf fast allen Untergründen, blättern nicht ab und sind abriebfest.

❑ **Perlmutt- bzw. Metallicfarben (Wasserbasis):**
Diese schimmernden, leuchtenden Farben sind ungiftig. Sie lassen sich glatt und gleichmäßig auftragen.

❑ **Strukturschnee (Wasserbasis):**
Diese interessante Effektpaste erhalten Sie mit und ohne Glitzerpartikel. Sie ist geeignet für schneebedeckte Dächer und Bäume, aber auch, um Kleidungsstücken o.ä. Struktur zu verleihen.

❑ **Steinfarbe (Wasserbasis):**
Mit diesen effektvollen Farben erzielen Sie eine außergewöhnliche, rauhe Oberfläche mit zum Teil funkelnden Farbsprenkeln. Die volle, dicke Konsistenz ermöglicht ein leichtes Auftragen. Verwenden Sie hierzu flache Borstenpinsel.

❑ **Patina (Ölbasis):**
Patina ist die übliche Bezeichnung für eine ölhaltige Paste, mit der sich ein besonderer Effekt, nämlich der Antikeffekt, erzielen läßt. Patina erhalten Sie vor allem in Brauntönen, in Weiß oder in Türkis für Grünspaneffekte. Tragen Sie diese Paste mit einem Pinsel auf die bemalten Flächen auf, und reiben Sie sie gleich danach mit einem weichen Tuch wieder ab. Aufgrund ihrer dicken, teigigen Konsistenz läßt sie sich leicht und glatt auftragen.
Der besondere Effekt besteht darin, daß Reste der Paste in Vertiefungen zurückbleiben und diese tiefer erscheinen lassen. Durch das Patinieren werden außerdem die Mattfarben etwas gebrochen, so daß Ihre Figuren natürlicher wirken. Die Pinsel, mit denen Sie die Patina aufgetragen haben, können Sie ebenfalls mit Wasser und Kernseife reinigen.

❑ **Krakelierlack (Lösungsmittelbasis):**
Krakelierlack ist ein Hilfsmittel, um das Aussehen von Antiquitäten zu erzielen. Auf Keramik und anderen Oberflächen ergibt der Lack einen realistischen Alterseffekt. Eingebettet zwischen zwei kontrastierenden Acrylfarben erzeugt er in der oberen Schicht Haarrisse, die die Farbe der darunterliegenden Grundierung zum Vorschein bringen.

Lacke

Sie benötigen zum Versiegeln Ihrer Figur einen transparenten Sprühlack. Diesen erhalten Sie matt, seidenmatt und glänzend. Wir empfehlen für die meisten Figuren Seidenmattlack mit mattem Porzellanschimmer. Achten Sie auf die Gebrauchsanweisung auf der Spraydose.
Durch den glatten, harten Lacküberzug wirken die matten Farben brillanter, und das bemalte Stück wird kratzfest und wasserabweisend. Perlmutt- und Metallicfarben sollten Sie erst nach dem Versiegeln auftragen, da diese Farben an Glanz verlieren können.
Augen, Lippen, Nasen und ähnliches erhalten einen natürlichen Glanz, indem Sie sie mit Glanzlack überziehen. Verwenden Sie hierzu einen hochglänzenden Streichlack auf Wasserbasis, dann können Sie Ihre Pinsel auch mit Wasser auswaschen. Der Lack hat in feuchtem Zustand ein milchiges Aussehen. Erst während des Trocknens wird er klar.

Pinsel

Um Keramik zu bemalen, eignen sich nahezu alle Pinsel. Immer jedoch trägt das Handwerkszeug zum Spaß an der Arbeit und zum Ergebnis bei. Wir haben hier für Sie eine Übersicht über alle geeigneten Pinsel zusammengestellt. Die Ziffern, die Sie in der Spalte „Anmerkungen“ finden, verweisen auf die Abbildung auf Seite 18.

Form	**Haar**	**Verwendung**	**Anmerkungen**
Flachpinsel	Echthaar (z.B. Rindshaar), weiche Synthetikfaser	flächiges Arbeiten, glatter Farbauftrag	Besonders gut eignen sich Pinsel in Katzenzungenform (1).
	Schweinsborste	Brushen, strukturierter Farbauftrag	(2)
Rundpinsel	Echthaar (z.B. Rotmarder), weiche Synthetikfaser	Konturen, kleine Flächen, Muster	Gönnen Sie sich für Konturen und Schriftzüge einen Echthaarpinsel mit extra langem Haar (3).
	Schweinsborste	Brushen	In Ihrem Fachgeschäft erhalten Sie rund gebundene Borstenpinsel. Mit Ihnen läßt sich die Farbe gleichmäßiger auftragen, da sie keine Kanten und einen besseren Farbspeicher haben (4).
	Schulpinsel, Synthetikfaser	Patina auftragen	(5)

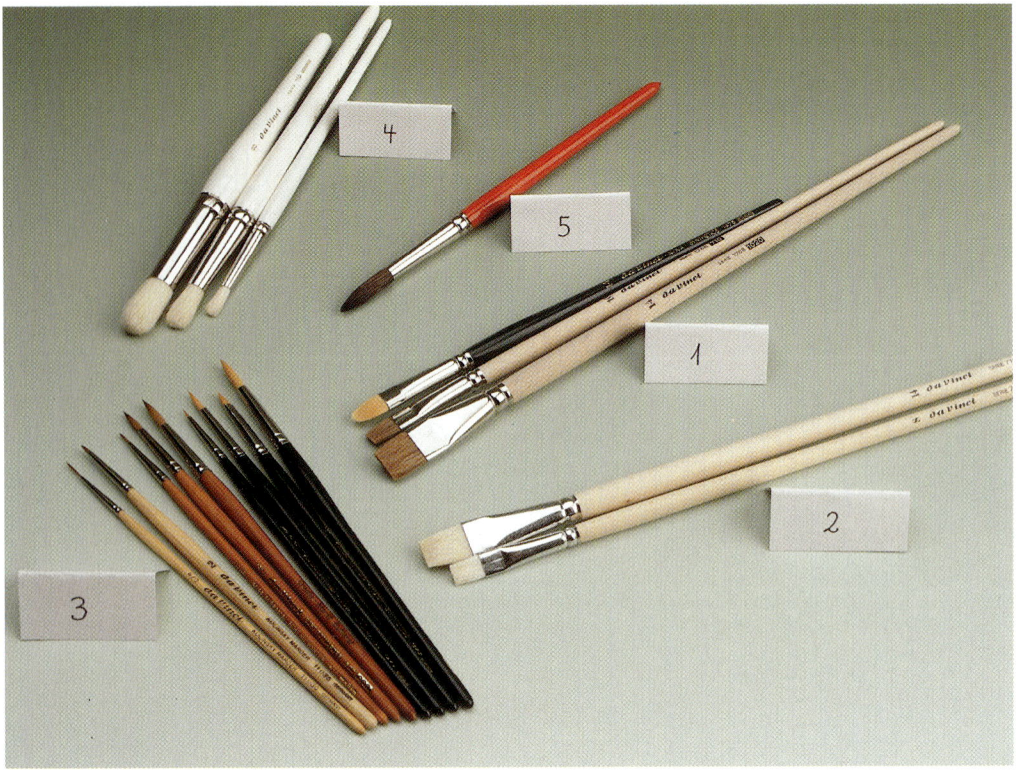

Damit Ihre Pinsel lange geschmeidig bleiben, sollten Sie sie mit Kernseife auswaschen. Kernseife enthält Fette, die das Pinselhaar ganz besonders pflegen. Nach dem Reinigen streifen Sie den sauberen Pinsel noch einmal über das nasse Seifenstück und bringen ihn in seine ursprüngliche Form. Die Seifenrückstände bleiben im Pinsel und werden erst vor dem nächsten Malen ausgewaschen.

Zubehör

Pinselmatten:
Ausgezeichnete Aufbewahrungsmöglichkeit für Ihre Pinsel. Die Matten sind luftdurchlässig und schützen die Pinselspitzen.

Pinselglas:
Durch die Aufhängemöglichkeit kann das Wasser abtropfen, und die Pinsel trocknen, ohne verformt zu werden.

Naturschwämme:
Mit ihnen können Sie Farbe auf Keramik auftupfen.

Techniken

Grundauftrag

Bei jeder Keramikfigur beginnen Sie immer damit, alle Flächen mit Farbe zu bedecken. Eine vorhergehende Grundierung der gesamten Figur beispielsweise mit Volltonfarbe ist nicht notwendig. Bevor Sie jedoch mit dem Malen beginnen, sollten Sie Ihre Figur sorgfältig mit einem Borstenpinsel vom Keramikstaub befreien. Farbe, die auf staubigen Untergrund aufgetragen wird, kann später leicht abblättern.

Bemalen Sie zunächst alle Flächen mit den ausgewählten Farbtönen. Der Grundauftrag muß vollkommen deckend sein. Bei etwas dünnflüssigeren Farben müssen Sie die Farbe eventuell ein zweites Mal auftragen. Entnehmen Sie die Farbe nicht direkt dem Farbbehälter, sondern geben Sie

sie z.B. auf einen alten Teller. Damit vermeiden Sie, daß die Farben durch verschmutzte Pinsel verunreinigt werden.
Kleinere Flächen wie Augen und Lippen können Sie zunächst einfach übermalen. Flächen, die nach dem Patinieren mit Effektfarben versehen werden sollen, müssen ebenfalls mit Mattfarbe grundiert werden. Obwohl die Keramik weiß ist, müssen Flächen, die weiß sein sollen, weiß bemalt werden, da die rauhe Keramikoberfläche schnell verschmutzt und sich Patina nicht abreiben läßt.
Wie schon oben erwähnt, können Sie jederzeit bemalte Flächen wieder übermalen, wenn Sie sich für eine andere Farbgebung entscheiden oder Fehler korrigieren müssen.
Tips zum Augen malen etc. finden Sie im Kapitel „Detailarbeiten“.

Patinieren

Wenn Sie Ihre Figur patinieren möchten, malen Sie sie zunächst soweit an, daß nur noch Effektfarben und kleinere Feinarbeiten ausstehen. Dann tragen Sie mit einem dicken, weichen Pinsel Patina auf die trockene Farbschicht auf. Achten Sie darauf, daß vor allem Vertiefungen abgedeckt sind.
Dann wischen Sie die Patina mit einem weichen Tuch wieder ab. Dabei sollten Sie immer quer zur Struktur wischen, damit tatsächlich Patina in den Vertiefungen zurückbleibt.
Falls Sie Ihre Figur nach dem Patinieren weiter bearbeiten möchten, müssen die Patinarückstände erst einige Stunden trocknen.
Ihren Patinierpinsel reinigen Sie mit Pinselreiniger oder mit Spülmittel. Pflegen Sie auch ihn am Ende mit Kernseife.

Drybrushen (Trockenbürsten)

Das Trockenbürsten dient dazu, Strukturen wie die des Tierfells oder Gefieders besser hervorzuheben. Weiterhin können patinierte Figuren durch Brushen wieder aufgehellt werden, ohne daß der Patina-Effekt verlorengeht.
Die Drybrushtechnik wird ebenfalls angewandt bei der Dark-to-Light-Malerei, die im nächsten Abschnitt beschrieben wird.
Zum Brushen tauchen Sie einen möglichst großen Brushpinsel in Acrylfarbe und streichen mit ihm auf einem Stück Pappe so lange hin und her, bis fast keine Farbe mehr im Pinsel ist. Mit diesem fast trockenen Farbpinsel bürsten Sie nun quer zur Struktur in schnellen Hin- und Herbewegungen über die zu bemalende Fläche. Auf strukturierten Untergründen bürsten Sie mit der Pinselspitze, auf glatten Flächen mit der Pinselseite.
Mit dieser Technik gelangt keine Farbe in Vertiefungen, und der Grundauftrag bzw. die Patina bleibt erhalten. Die Falten wirken durch die dunkle Patina tiefer. Auf den Erhöhungen zwischen den Falten aber wird nun die eigentliche bzw. ursprüngliche Farbe aufgebürstet. So wirken patinierte Stücke nicht mehr schmutzig. Alle Figuren erscheinen plastischer.
Zum Brushen brauchen Sie Geduld. Um die gewünschte Farbintensität zu erreichen, muß dieser Vorgang oft mehrmals wiederholt werden. Die Versuchung ist groß, gleich mit mehr

Farbe zu bürsten. Dies ist jedoch nicht empfehlenswert, da so die Farbübergänge zu hart werden. Beim Brushen sollten Sie von „unten nach oben“ arbeiten. Beginnen Sie mit den am tiefsten gelegenen Flächen, und bearbeiten Sie zum Schluß die erhöhtesten. Den Grenzen der Flächen wird keine allzu strenge Bedeutung beigemessen. Die Figuren wirken dann im Gesamteindruck weicher und natürlicher.

Dark-To-Light

„Dark-To-Light“ bedeutet, daß von Dunkel (Dark) nach Hell (Light) gearbeitet wird. Bei dieser Technik wird zunächst die gesamte Figur mit einer dunklen Farbe grundiert. Danach werden die anderen Farben aufgebürstet, wie im vorigen Kapitel beschrieben. Vor dem Lackieren malen Sie die Details.
Bei dieser Technik müssen Sie nicht Patinieren. Ihre Figur erhält Tiefe, indem in den Vertiefungen und zwischen den einzelnen Flächen der dunkle Untergrund dadurch erhalten bleibt, daß die helleren Farben nur aufgebürstet werden.

Zur Dark-To-Light-Technik betrachten Sie die Modelle Fisch, Katze und Hase.

Detailarbeiten

Augen malen

Die Augen Ihrer Figur malen Sie nach dem Drybrushen.
Grundieren Sie die Augen zunächst sorgfältig mit weißer Farbe. Wenn Sie die Farbe etwas verwässern, erhalten Sie eine glattere Oberfläche, müssen aber den Auftrag mehrmals wiederholen.
Nun versehen Sie jedes Auge mit einer Iris. Die Iris sollte rund sein und mehr als die Hälfte der Augenflächen einnehmen. Für einen natürlichen Ausdruck lassen Sie die Iris das untere Lid nur berühren, während sie ungefähr zu einem Drittel unter dem oberen Lid verschwindet. Sie können die Iris zuerst mit einem weichen Bleistift vorzeichnen. Auf die Iris malen Sie dann die schwarze Pupille, die wiederum mindestens deren Hälfte bedecken und an das obere Lid anstoßen sollte. Beachten Sie, daß Figuren mit etwas größerer Pupille im allgemeinen sympathischer wirken, weil ihr Blick sanfter ist.
Um die natürliche Wölbung der Augen nachzuahmen, setzen Sie schließlich weiße Lichtpunkte. Wir empfehlen Ihnen, die Punkte mit der Spitze des Stiels eines dünnen Pinsels aufzubringen. Bei Figuren, deren Augen beide nach vorn gerichtet sind, plazieren Sie die Lichtpunkte auf jeder Pupille rechts oben (das Licht scheint von rechts oben zu kommen). Bei Tieren und anderen Figuren, deren Augen seitlich angebracht sind, setzen Sie die Lichtpunkte nach vorn orientiert, also

auf der rechten Pupille links oben und auf der linken Pupille rechts oben (das Licht scheint von vorn zu kommen). Schließlich können Sie noch die Augenfläche mit einem Braunton umranden. Dadurch erscheinen die Augen klarer. Mit hellen Brauntönen erzielen Sie ein sanftes Aussehen. Vergessen Sie gegebenenfalls die Augenbrauen und Wimpern nicht. Hierfür ist ein feiner Pinsel mit extra langem Haar eine große Erleichterung.

Seien Sie nicht allzu ungeduldig mit sich. Das Malen der Augen gehört zu den anspruchsvollsten Aufgaben des Keramikmalens!

Wangenrot

Wangenrot gibt Ihrer Figur ein gesundes, aktives Aussehen. Es soll natürlich aussehen und darf nicht fleckig sein.
Wir empfehlen, unter den gewählten Rotton zunächst etwas Hautfarbe zu mischen. Zum Auftragen eignet sich am besten ein fest zusammengeknüllter Lappen. Diesen tauchen Sie in die Farbe. Bevor Sie mit dem Auftragen beginnen, klopfen Sie ihn solange auf ein Stück Pappe, bis er fast trocken ist. Dann erst tupfen Sie die Farbe auf die Wangenknochen und eventuell auch auf die Stirn und die Nasenspitze.
Wir benutzen oft auch Puderrouge aus dem Kosmetikbereich. Es läßt sich sehr leicht auftragen, und die Farbtöne sind natürlich. Wenn Sie ebenfalls Puderrouge verwenden möchten, sollten Sie es erst kurz vor dem Lackieren auftragen.

Konturen

Konturen, Schriftzüge und ähnliches malen Sie am besten mit einem Rundpinsel mit extra langem Haar aus Echthaar. Eine weitere Hilfe bedeutet es, die Farbe etwas zu verwässern, damit sie leichter vom Pinsel geht. Mit dünnerer Farbe ist es auch möglich, mehrmals zu korrigieren, ohne daß sich eine allzu dicke Farbschicht aufbaut.

Noch ein Tip zum Korrigieren: Müssen Sie nach dem Patinieren noch etwas nachbessern, stehen Sie vor der Schwierigkeit, daß der Originalfarbton nicht mit dem der patinierten Fläche übereinstimmt. In diesem Fall mischen wir der Originalfarbe etwas Braun, entsprechend der Patina, bei.

Lackieren

Wie schon erwähnt, sollten Sie Ihre Keramikfigur auf jeden Fall lackieren. Beginnen Sie mit dem Sprühlack. Sobald der Lack gut durchgetrocknet ist, können Sie alle Flächen, die glänzen sollen, mit einem Hochglanzlack bestreichen. Flächen, die feucht wirken sollen, wie Augen, Lippen o.ä. sehen glanzlackiert besonders natürlich aus. Selbstverständlich können auch Schuhe, Nasen, Knöpfe etc. glänzend lackiert werden.

Glitter/Steinfarben auftragen

Wenn Sie Ihre Figur mit Glitzereffekten oder mit Steinfarben veredeln wollen, sollten Sie das zum Schluß machen.
Sie haben die Möglichkeit, Glitterfarben, deren Basis meist ein transparenter Kleber ist, nur einmal aufzutragen. Dann bleibt die Farbe darunter sichtbar und erhält nur einen leichten Glitzereffekt. Wenn Sie eine geschlossene Glitzerfläche wünschen, müssen Sie die Glitterfarben mehrmals auftragen. Sie sollten hierbei – wie übrigens auch bei den Steinfarben – eine Schicht in Längsrichtung und eine Schicht in Querrichtung auftragen, bis Sie die gewünschte Deckkraft erreicht haben.

Igelmutter Schritt-für-Schritt

Einkaufsliste

❏ **Pinsel:**
1 Flachpinsel Größe 8
1 Rundpinsel Größe 2
1 Rundpinsel Größe 0 (evtl. mit extra langem Haar)
1 Rundpinsel Größe 8
1 Brushpinsel Größe 4

❏ **Farben:**
Dunkelbraun
Mittelbraun
Elfenbein
Tiefdunkles Rosa
Dunkles Rosa
Rosa
Schwarz
Weiß
Dunkelbraune Patina

Anmerkung:
Wir verwenden allgemeine Farbbezeichnungen, die sich an keiner Firma orientieren.

❏ **Keramik:**
1 Igelmutter

1. Schritt: Grundauftrag

Bemalen Sie alle Flächen mit den entsprechenden Farben. Sorgen Sie unbedingt dafür, daß keine Stellen weiß bleiben.
Acrylfarben trocknen recht schnell. Sie sollten deshalb gleich beim Auftragen darauf achten, daß Sie die Farbe möglichst gleichmäßig verteilen. Acrylfarben sind voll deckend. „Ausrutscher“ an den Grenzen der Flächen können Sie deshalb problemlos korrigieren.

2. Schritt: Patinieren

Lassen Sie den Grundauftrag gut trocknen. Dann können Sie mit dem Patinieren beginnen. Tragen Sie die Patina mit dem preiswerten Rundpinsel auf. Der Auftrag muß nicht sonderlich gleichmäßig sein, aber es dürfen keine Stellen ausgelassen werden.
Reinigen Sie Ihren Pinsel mit Pinselreiniger oder Spülmittel.

3. Schritt: Patina abreiben

Nun wird die Patina wieder abgerieben. Wir benutzen hierfür alte Socken, die wir wie Handschuhe verwenden. Wischen Sie die Patina soweit zurück, wie es Ihnen persönlich gefällt. Sie sollten auf jeden Fall quer zur Struktur reiben, damit auch wirklich Patina in den Vertiefungen zurückbleibt.

4. Schritt: Brushen

Bei dieser Figur müssen die Spitze am Rocksaum und das Gesicht gebrusht werden. Die Spitze haben wir cremefarben gebrusht. Gehen Sie hierzu wie auf Seite 20 beschrieben vor. Auch das Gesicht wird auf die gleiche Weise bearbeitet. Um die natürliche Graubraunfärbung eines Igels nachzuahmen, haben wir eine Vielzahl von Farbtönen zwischen dem Braun der Grundierung und Elfenbein aufgetragen. Für die erste Schicht mischen Sie Dunkelbraun mit einem Tropfen Mittelbraun. Für die nächste Schicht nehmen Sie etwas mehr Mittelbraun, dann etwas Grau (gemischt aus Schwarz und Elfenbein). Hellen Sie das Grau immer weiter auf. Zuletzt bürsten Sie auf die höchsten Stellen der Igelmutter vorsichtig etwas reines Elfenbein. Wie beim Augenmalen sollten Sie auch beim Brushen solch ausdrucksvoller Flächen geduldig sein. Brushen Sie so lange, bis das Ergebnis Ihren Vorstellungen entspricht.

5. Schritt: Detailarbeiten

Als letzter Schritt stehen jetzt noch die Feinarbeiten aus. Beginnen Sie am besten mit den Augen. Hierzu lesen Sie bitte die Beschreibung auf Seite 21. Danach können Sie Ihre Igelmutter nach Ihren Wünschen weiter verzieren, z.B. den Stoffen Muster geben.

Wenn Sie mit allen Detailarbeiten fertig sind, muß Ihre Figur noch lackiert werden. Verwenden Sie wie auf Seite 23 beschrieben einen seidenmatten Sprühlack. Beachten Sie bitte die Gebrauchsanweisung. Zum Schluß sollten Sie noch die Augen und die Nase mit Hochglanzlack lackieren.

Haustiere

Katze **

Technik:
- Grundauftrag
- Brushen (Dark-To-Light)
- Detailarbeiten
- Lackieren

Farben:
- Schwarz
- Weiß
- Gelbgrün
- Rosa
- Seidenmattlack-Spray
- Hochglanzlack zum Streichen

Tips und Tricks:
An dieser Figur können Sie ausgezeichnet das Brushen üben. Auf die schwarz grundierte Katze werden die weißen Flecken aufgebrusht. Je öfter Sie über die weißen Stellen brushen, um so klarer wird das Weiß. Keinesfalls sollten Sie die Flecken einfach aufmalen. Auch die Nase wurde nur gebrusht. Achten Sie genau auf die Augen. Katzenaugen haben eine spitzovale Pupille. Die Spitzen zeigen nach oben und unten. Die Iris selbst hat einen hauchdünnen (Pinsel mit extra langem Haar!) schwarzen Rand.

Hase **

Technik:
- Grundauftrag
- Brushen (Dark-To-Light)
- Detailarbeiten
- Lackieren

Farben:
- Schwarz
- Weiß
- Rostrot
- Rosa
- Seidenmattlack-Spray
- Hochglanzlack zum Streichen

Tips und Tricks:
s. hierzu oben (Katze)

(Abbildung Seite 32)

Fisch **

Technik:
- Grundauftrag
- Brushen (Dark-To-Light)
- Detailarbeiten
- Lackieren

Farben:
- Schwarz
- Dunkelblau
- Metallic Weiß
- Metallic Gelb oder Gold
- Metallic Rot
- Metallic Blau
- Metallic Grün
- Seidenmattlack-Spray
- Hochglanzlack zum Streichen

Im Garten

Gänsemutter *

Technik:
- Grundauftrag
- Patinieren
- Brushen
- Detailarbeiten
- Lackieren

Farben:
- Schwarz
- Weiß
- Elfenbein
- Pastellgelb
- Rostrot
- Hellgrün
- Grün
- Hellblau
- Blau
- Grau
- Patina dunkelbraun
- Seidenmattlack zum Sprühen
- Hochglanzlack zum Streichen

Das Gänsekind wird genauso gearbeitet.

Zwerg mit Saxophon *

Technik:
- Grundauftrag
- Detailarbeiten
- Patinieren
- Lackieren

Farben:
- Hautton
- Weiß
- Gelb
- Rot
- Grün
- Braun
- Metallic Gold
- Patina dunkelbraun
- Seidenmattlack-Spray

Zwerg mit Hase **

Technik:
- Grundauftrag
- Patinieren
- Brushen
- Detailarbeiten
- Lackieren

Farben:
- Hautton
- Schwarz
- Weiß
- Rosa (mischbar aus Rot und Weiß)
- Rot
- Grün
- helles Grün (mischbar aus Grün und Weiß)
- Beige
- Braun
- Patina dunkelbraun
- Seidenmattlack-Spray
- Hochglanzlack zum Streichen

Tips und Tricks:
Um dem liebevollen Gartenzwerg auch einen sanften Ausdruck zu verleihen, haben wir ihm Bart und Augenbrauen nur gebrusht und seine Pupillen etwas größer als üblich gemalt.
Vergessen Sie nicht, seine Pausbäckchen zu rougen!

Gartenhase ***

Technik:
- Grundauftrag
- Patinieren
- Brushen
- Detailarbeiten
- Lackieren

Farben:
- Schwarz
- Weiß
- Rosa
- Hellblau
- Grün
- Hellgrün
- Ocker
- Rotbraun
- Helles Rotbraun
- Braun
- Metallic silber
- Patina mittelbraun
- Seidenmattlack-Spray
- Hochglanzlack zum Streichen

Tips und Tricks:
Verwenden Sie für dieses feine Karomuster unbedingt einen Rotmarderpinsel mit extra langem Haar.

Vogelscheuche **

Technik:
- Grundauftrag
- Patinieren
- Detailarbeiten
- Lackieren

Farben:
- Schwarz
- Weiß
- Goldgelb
- Rot
- Rostrot
- Hellblau
- Dunkelblau
- Hellgrün
- Dunkelgrün
- Hellbraun
- Braun
- Patina dunkelbraun
- Seidenmattlack-Spray
- Hochglanzlack zum Streichen

Die Vogelscheuche können Sie in den folgenden Herbstkranz setzen oder natürlich auch einzeln aufstellen.

Herbstkranz ***

Technik:
- Grundauftrag
- Brushen (Dark-To-Light)
- Lackieren

Farben:
- Schwarz
- Gelb
- Orange
- Rot
- Rostrot
- Blauviolett
- Schwarzrot (mischbar aus Schwarz und Rot)
- Olivgrün
- Dunkelgrün
- Braun
- Mattlack zum Sprühen

Tips und Tricks:
Der Kranz wurde zunächst dunkelgrün grundiert. Auf die Grundierung wurden mit einem Pinsel mittlerer Stärke alle anderen Farben aufgebrusht. So ist es möglich, den Farbverlauf und die einzelnen Nuancen des Herbstlaubs und der Früchte nachzuahmen. Sollte Ihnen das nicht auf Anhieb gelingen, können Sie einfach neu grundieren, und es noch einmal versuchen.

Im Zoo

Elefant *

Technik:
- Grundauftrag
- Patinieren
- Detailarbeiten
- Lackieren

Farben:
- Schwarz
- Weiß
- Grau
- Dunkles Rosa
- Rosa (mischbar aus dunklem Rosa und Weiß)
- Blau
- Patina dunkelbraun
- Seidenmattlack-Spray
- Hochglanzlack zum Streichen

Nilpferd *

Technik:
- Grundauftrag
- Patinieren
- Detailarbeiten
- Lackieren

Farben:
- Schwarz
- Weiß
- Grau
- Gelb
- Rosa
- Rot
- Patina dunkelbraun
- Seidenmattlack-Spray
- Hochglanzlack zum Streichen

Pinguin **

Technik:
- Grundauftrag
- Detailarbeiten
- Lackieren

Farben:
- Schwarz
- Weiß
- Gelb
- Rot
- Blau
- Hellblau (mischbar aus Blau und Weiß)
- Grün
- Seidenmattlack-Spray
- Hochglanzlack zum Streichen

Tips und Tricks:
Der Pinguin ist vom Handwerklichen her nicht aufwendig. Dennoch zählt er zu den anspruchsvolleren Motiven, denn seine Konturen erfordern eine ruhige Hand.
Wie immer können Sie sich mit gutem Handwerkszeug die Arbeit erleichtern. Wir empfehlen, einen Rotmarderpinsel mit extra langem Haar zu verwenden.

Teddybären

Bärchen mit Drachen *

Technik:
- Grundauftrag
- Patinieren
- Detailarbeiten
- Lackieren

Farben:
- Schwarz
- Weiß
- Gelb
- Orange
- Rot
- Violett
- Blau
- Grün
- Braun
- Patina dunkelbraun
- Seidenmattlack-Spray
- Hochglanzlack zum Streichen

Sandkastenteddy *

Technik:
- Grundauftrag
- Patinieren
- Detailarbeiten
- Lackieren

Farben:
- Schwarz
- Weiß
- Gelb
- Rot
- Blau
- Braun
- Patina dunkelbraun
- Seidenmattlack-Spray
- Hochglanzlack zum Streichen

Bärchen mit Melone *

Technik:
- Grundauftrag
- Patinieren
- Brushen
- Detailarbeiten
- Lackieren

Farben:
- Schwarz
- Weiß
- Rosa
- Grün
- Mittelbraun
- Hellbraun
- Patina dunkelbraun
- Seidenmattlack-Spray
- Hochglanzlack zum Streichen

Tips und Tricks:
Die Melone bekommt ein natürliches Aussehen, wenn Sie die Kanten nicht exakt nachziehen, sondern die einzelnen Schichten sanft ineinanderübergehen lassen.

Teddy mit Herz *

Technik:
- Grundauftrag
- Patinieren
- Brushen
- Detailarbeiten
- Lackieren
- Glitter auftragen

Farben:
- Schwarz
- Weiß
- Rot
- Grün
- Braun
- Dunkelbraun
- Patina dunkelbraun
- Glitter klar irisierend
- Seidenmattlack-Spray
- Hochglanzlack zum Streichen

Tips und Tricks:
Klar irisierender Glitter wird ganz am Ende einmal über das Herz gestrichen. So hat es nur einen leichten Glitzereffekt in Regenbogenfarben, ohne die eigentliche Farbe zu verlieren.

Müder Teddybär *

Technik:
- Grundauftrag
- Detailarbeiten
- Patinieren
- Lackieren

Farben:
- Rosa
- Dunkelgrün
- Hellgrün
- Dunkelbraun
- Hellbraun
- Patina dunkelbraun
- Seidenmattlack-Spray
- Hochglanzlack zum Streichen

Gute-Nacht-Teddy **

Technik:
- Grundauftrag
- Patinieren
- Brushen
- Detailarbeiten
- Lackieren
- Glitter auftragen

Farben:
- Schwarz
- Weiß
- Elfenbein
- Dunkles Rosa
- Dunkles Blau
- Hellblau
- Beige
- Glitter gold
- Metallic gold
- Patina dunkelbraun
- Seidenmattlack-Spray
- Hochglanzlack zum Streichen

Tips und Tricks:
Achten Sie bei diesem Bär besonders auf die Augen: Er ist müde und hat „große Augen", d.h. er braucht eine große weite Pupille.
Die Sterne auf seinem Nachthemd haben wir mit Metallic gold eingefaßt und mit Glitter gold ausgemalt. So haben Sie einen klaren Rand und trotzdem Glitzereffekt.

MOËT

Teddy mit Sektflasche ***

Technik:
- Grundauftrag
- Patinieren
- Brushen
- Detailarbeiten
- Lackieren
- Glitter auftragen

Farben:
- Schwarz
- Weiß
- Gelbtöne
- Rot
- Blautöne
- Grüntöne
- Hellbeige
- Hellbraun
- Metallic gold
- Glitter gold
- Patina hellbraun
- Seidenmattlack-Spray
- Hochglanzlack zum Streichen

Tips und Tricks:
Dieser Teddy ist ein Beispiel dafür, wie aufwendig Figuren gestaltet werden können. Selbstverständlich kann die gleiche Figur auch mit einfacheren Details bemalt werden.

Teddy mit Karojacke ***

Technik:
- Grundauftrag
- Patinieren
- Detailarbeiten

Farben:
- Schwarz
- Weiß
- Ockergelb
- helles Ockergelb (mischbar aus Ockergelb und Weiß)
- Gelb
- Dunkles Rosa
- Rosa
- Violett
- Helles Violett
- Dunkles Türkis
- Türkis
- Braun
- Patina dunkelbraun
- Seidenmattlack-Spray
- Hochglanzlack zum Streichen

Tips und Tricks:
Bei dieser Jacke haben wir damit begonnen, senkrechte und waagerechte Streifen kunterbunt aufzutragen. Die Schwierigkeit besteht darin, den Faltenwurf mit einzubeziehen. Nachdem die Fläche ohne Lücken mit den

verschiedenen Farben angemalt war, haben wir uns mit einem feinen Pinsel daran gemacht, das Muster auszubessern und zu vervollkommnen. Diese Arbeit ist die langwierigste bei dem Bären und erfordert viel Geduld. Weil hier immer wieder von allen Farben gebraucht wird, raten wir davon ab, Farbtöne selbst zu mischen.

Clowns

Regalclown **

Technik:
- Grundauftrag
- Patinieren
- Detailarbeiten
- Lackieren

Farben:
- Hautton
- Schwarz
- Weiß
- Gelb
- Dunkles Rosa
- Türkis
- Blau
- Braun
- Patina dunkelbraun
- Seidenmattlack-Spray
- Hochglanzlack zum Streichen

Tips und Tricks:
Wenn Sie im Konturenmalen noch nicht so geübt sind, sollten Sie die feinen Linien und kleinen Flächen (ausnahmsweise) vor dem Patinieren malen. Sie können dann Fehler leichter korrigieren, weil die Farben noch nicht durch die Patina verändert sind.

Jonglierender Clown ***

Technik:
- Grundauftrag
- Patinieren
- Detailarbeiten
- Lackieren
- Glitter auftragen

Farben:
- Hautton
- Schwarz
- Weiß
- Elfenbein
- Gelb
- Rot
- Hellblau (für die Augen, evtl. auch Braun)
- Grün
- Hellgrün
- Braun
- Patina dunkelbraun
- Glitter gold
- Metallic gold
- Seidenmattlack-Spray
- Hochglanzlack zum Streichen

Tips und Tricks:
Dieser Clown wirkt besonders fröhlich, weil sämtliche Detailarbeiten erst nach dem Patinieren ausgeführt wurden. Die Farben erscheinen in ihrer vollen Leuchtkraft. Auch die Glitzereffekte tragen ihren Teil dazu bei. Sie werden nach dem Lackieren aufgebracht.

Clown mit Blume ***

Technik:
- Grundauftrag
- Patinieren
- Brushen
- Detailarbeiten
- Lackieren
- Glitter auftragen

Farben:
- Hautton
- Schwarz
- Weiß
- Elfenbein
- Gelb
- Rot
- Blau
- Hellblau (mischbar aus Blau und Elfenbein)
- Grün
- Hellgrün (mischbar aus Grün und Gelb und Elfenbein)
- Braun
- Rost (mischbar aus Rot und Gelb und Braun)
- Patina sandfarben
- Glitter gold
- Glitter silber
- Metallic gold
- Seidenmattlack-Spray
- Hochglanzlack zum Streichen

Tips und Tricks:
Gehen Sie bei dieser vielschichtigen Figur geduldig Schritt für Schritt vor. Die Halskrause ist bei unserem Muster sehr aufwendig gestaltet. Selbstverständlich können Sie auch auf die blauen Kontraste verzichten. Statt dessen würden sich Punkte anbieten, die nicht weniger effektvoll, aber weitaus leichter zu malen sind.

Buntes Allerlei

Jutemaus *

Technik:
- Grundauftrag
- Patinieren
- Brushen
- Detailarbeiten
- Lackieren

Farben:
- Schwarz
- Weiß
- Apricot
- Beige
- Helleres Beige (mischbar aus Beige und Weiß)
- Patina dunkelbraun
- Seidenmattlack-Spray
- Hochglanzlack zum Streichen

Mädchen *

Technik:
- Grundauftrag
- Patinieren
- Detailarbeiten
- Lackieren

Farben:
- Hautton
- Schwarz
- Weiß
- Dunkelrot
- Violett
- Dunkles Violett
- Braun
- Patina dunkelbraun
- Seidenmattlack-Spray
- Hochglanzlack zum Streichen

Tips und Tricks:
Üben Sie sich im Lippenfarbe mischen: Gute Ergebnisse haben wir erzielt mit einer Kombination aus Hautfarbe, Rot und dem „Hauch von einer Spur“ Blau bzw. Violett.

Dinosaurier *

Technik:
- Grundauftrag
- Patinieren
- Detailarbeiten
- Lackieren

Farben:
- Schwarz
- Weiß
- Gelb
- Hellgrün
- Dunkelgrün
- Patina schwarz
- Seidenmattlack-Spray
- Hochglanzlack zum Streichen

Tips und Tricks:
Die Farbe wurde mit einem Naturschwamm aufgetupft, die gelben Punkte mit einem Brushpinsel. Die vielen verschiedenen Grünnuancen entstanden dadurch, daß wir die beiden Grüntöne und das Gelb gleichzeitig verwendeten, ohne den Schwamm zwischendurch zu reinigen. Das reine Gelb tragen Sie am Ende mit einem Borstenpinsel auf. Die Nasenlöcher des Dinos sind offen, so daß Sie ihn als „Rauchdino“ verwenden können.

Hochzeitsauto **

Technik:
- Grundauftrag
- Detailarbeiten
- Patinieren
- Lackieren

Farben:
- Schwarz
- Weiß
- Gelb
- Rosa
- Rot
- Violett
- Dunkelblau
- Türkis
- Blattgrün
- Metallic silber
- Patina dunkelbraun
- Seidenmattlack-Spray

Mäusekind **

Technik:
- Grundauftrag
- Patinieren
- Brushen
- Detailarbeiten
- Lackieren

Farben:
- Schwarz
- Weiß
- Pastellgelb
- Rosa
- helleres Rosa (mischbar aus Rosa und Weiß)
- Pastellblau
- Helleres Pastellblau (mischbar aus Pastellblau und Weiß)
- Beige
- Braun
- Patina dunkelbraun
- Seidenmattlack Spray
- Hochglanzlack zum Streichen

Tips und Tricks:
Das Mäusekind wirkt dann besonders niedlich, wenn die Pupillen weit sind und in die Ohren und um das Näschen etwas Rosa gebrusht wurde.

Eine Auswahl aus unserem Gesamtprogramm

ISBN 3-8241-0418-0
Broschur, 64 Seiten

ISBN 3-8241-0489-X
Broschur, 64 Seiten

ISBN 3-8241-0618-3
Broschur, 32 Seiten

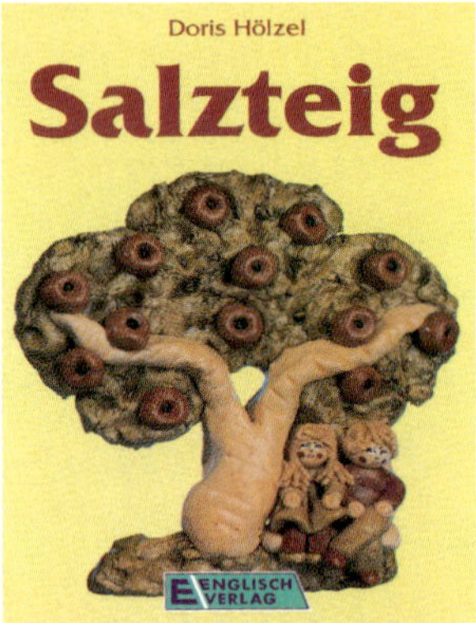

ISBN 3-88140-198-9
Broschur, 64 Seiten

ISBN 3-8241-0625-6
Broschur, 64 Seiten

ISBN 3-8241-0614-0
Broschur, 32 S., Vorlageb.

ISBN 3-8241-0626-4
Broschur, 64 Seiten

ISBN 3-8241-0615-9
Broschur, 32 Seiten

ISBN 3-8241-0582-9
Broschur, 64 Seiten